As Leis do Caminho Espiritual

As Leis do Caminho Espiritual

Annie Besant

Título do original em inglês:
The Laws of the Higher Life

The Theosophical Publishing House
Adyar, Madras 600 020

Direitos Reservados à
Editora Teosófica
SIG, Quadra 6, Lote 1235
70610-460 - Brasília-DF
Telefone: (61) 3322-7843
E-mail: editorateosofica@editorateosofica.com.br
Homepage: www.editorateosofica.com.br

B554   *As Leis do Caminho Espiritual*
Annie Besant

Brasília, 2011.
ISBN 978-85-7922005-0

CDD 212

Tradução: Maria Teresa D. Moreira
Edvaldo Batista de Souza
Revisão: Maria Coeli P.B.Coelho
Zeneida Cereja da Silva
Diagramação: Reginaldo Mesquita
Capa: Chico Régis

Sumário

Prefácio 9

A Consciência Superior 11

A Lei do Dever 53

A Lei do Sacrifício 83

Palestras proferidas em uma das
Convenções Anuais
da Seção Indiana da Sociedade Teosófica
realizada em Varanasi (Benares).

Prefácio

Em três palestras inspiradoras, Annie Besant revela o Reino da Lei no Universo e a necessidade de o homem agir de acordo com essa Lei para seu progresso material, moral e espiritual. O homem só pode compreender sua verdadeira natureza como sendo a Consciência Superior à medida que tranquiliza os sentidos e controla a mente.

Ele avança rumo a essa compreensão na proporção em que obedece ao *Dharma*, a Lei do Dever, empenhando-se definitiva e resolutamente na realização de todas as suas obrigações.

A Lei do Sacrifício[1] o eleva. Ao viver uma vida altruísta, dedicando-se ao serviço ao próximo, um dia ele alcançará a mais elevada Autorrealização.

---

[1] Do latin *sacrificium*, cujo significado etimológico origina-se dos termos latinos *sacer* (sagrado) e *facere* (fazer ou tornar),ou seja, a ênfase não está em outra coisa a não ser tornar sagrado tudo aquilo que se faz, como uma oferenda ao Supremo. (N.E).

A Consciência Superior

Este ano vamos estudar juntos um tema de vital importância para aqueles que pensam seriamente sobre o assunto e desejam servir à humanidade, almejando ajudá-la a seguir adiante em sua evolução. Muitas pessoas, ao lidarem com a religião, que está relacionada à Vida Superior, parecem inclinadas a removê-la do reino da Lei, trazendo-a para alguma estranha região de capricho arbitrário, de resultados sem esforços e de fracassos sem fraquezas. Esta ideia de que a espiritualidade não está sujeita à Lei parece natural à primeira vista, pois encontramos uma analogia correspondente no modo como as leis do plano físico têm sido negligenciadas, na mesma proporção em que deixaram de ser estudadas e conhecidas.

Quando olhamos, por um instante que seja, para alguma erupção súbita de forças naturais, para uma explosão tremenda que lança ao ar, talvez em poucas horas, uma poderosa montanha, para penhascos e topos rochosos onde antes havia verdor, ou ainda para um vale que era uma planície, tornando-se contorno de sinuosas colinas, temos ciência de que certamente no passado o homem percebia uma erupção desta natureza algo arbitrário, catastrófico, desordenado, inesperado, fora do crescimento ordenado da evolução. Mas sabemos, por meio de estudos recentes, que não existe nada desordenado na erupção de um vulcão, como tampouco no lento crescimento do fundo do mar, quando após dezenas de milhares de anos, o fundo do mar torna-se uma cadeia de montanhas. Pensava-se que um era ordenado, e o outro cataclísmico. No entanto, atualmente temos conhecimento de que todos os processos naturais, súbitos ou lentos, inesperados ou previstos, encontram-se dentro do reino da Lei, acontecendo de maneira totalmente ordenada.

O mesmo se dá no Mundo Espiritual. Às vezes podemos ver as erupções aparentemente súbitas das forças do reino espiritual, uma mudança repentina na vida de uma pessoa, em que o seu caráter é totalmente alterado. Toda a sua natureza se altera de uma hora para a outra. Mas aprendemos a compreender que também aqui a Lei é suprema; que também nada existe de desordenado nisso, embora muitas dessas coisas não sejam ainda compreendidas pela maioria das pessoas. E estamos começando a entender que tanto no universo espiritual, quanto no físico, existe uma Vida Suprema, manifestando-se de modos infinitamente diversos, e que essa Vida é sempre ordenada em suas operações, não importa quão estranhas, maravilhosas ou inesperadas possam parecer aos nossos olhos obscuros e obtusos.

Assim, primeiramente, vamos nos deter por um instante na ideia e no significado da Lei. Vale chamar a atenção para o fato de que, mesmo à parte da religião e do pensamento religioso, existe uma consciência maior do que aquela que funciona no cérebro e no sistema nervoso, maior que aquela que chamamos de consciência desperta no homem. Veremos também como a consciência pode começar a desabrochar e a crescer pelo pleno reconhecimento da Lei do Dever, ao tentarmos realizar perfeitamente cada obrigação da vida.

Na última palestra, passaremos para aquela região mais elevada e mais sublime, onde a lei interior assume o lugar da lei da obrigação exterior, onde em vez do dever, que significa pagamento de um débito, existe o sacrifício, que é a efusão de vida, onde tudo é feito com alegria, tudo é feito com boa-vontade, em perfeita autoentrega, onde o homem não pergunta: "O que eu tenho que fazer? Qual é o meu dever?", mas simplesmente trabalha porque a fonte Divina encontra um canal de expressão na sua vida, e ele não precisa de ordem exterior em virtude da perfeição da lei que opera em seu interior. Então ele cresce pela Lei do Sacrifício, que é a Lei que dirige o universo e os corações dos homens; e é um pálido reflexo do Sacrifício Divino, por meio do qual os mundos vieram à existência; Aquele Sacrifício que encontra seu pequeno reflexo, sua reprodução diminuta, ínfima, onde quer que o coração do homem prostre-se aos Pés do Lótus do Senhor do Sacrifício. Assim, ele se torna um canal da efusão Divina, por menor e mais insignificante que seja a princípio, um canal da vida do Logos, preenchido não com o pouco que lhe é dado, mas sim com a grande efusão que utiliza o homem como canal.

Procuremos agora compreender o que queremos dizer com o termo "Lei". Frequentemente encontramos muitas ideias confusas sobre esta questão, e isso deixa os estudantes muito perplexos e atrapalhados.

Quando falamos da lei da Terra, sabemos muito bem o que se quer dizer com isso. A lei da Terra é algo que está sempre mudando; a partir das ideias das autoridades que fazem a lei, seja a autoridade de um monarca autocrata, ou de uma Assembleia Legislativa, quer seja ela proclamada em nome da Soberania, ou da comunidade na qual a lei tem que agir e governar. A lei é sempre uma coisa que é feita, uma ordem emitida, e a autoridade que promulga a lei pode mudá-la; a autoridade que a cria pode também anulá-la. Não é somente isso que podemos observar a respeito das leis da Terra. As leis são ordens: "Faça isto"; "Não faça aquilo"; e as ordens são reforçadas pelas penalidades. Se infringirmos determinada ordem, teremos que arcar com a punição.

Por outro lado, quando estudamos as penalidades ligadas às leis em diferentes países, descobrimos que as punições para infrações idênticas da ordem são arbitrárias e mudam como as próprias leis. Não são de modo algum o resultado do ato que infringiu a lei. Mas a penalidade em cada caso está artificialmente ligada à infração da lei, e pode ser mudada a qualquer tempo. Por exemplo, se um homem roubar, uma determinada nação punirá este ato com a prisão, uma outra com o chicote, uma terceira com a faca que decepa a mão ofensora, uma outra ainda com a corda que põe fim à vida. Em cada caso, a penalidade nada tem em comum com a ofensa.

Quando falamos das Leis da Natureza, não queremos dizer nenhuma das coisas que tomamos como característica das leis do homem. A Lei da Natureza não é uma ordem emitida por uma autoridade. É uma afirmação das condições sob as quais uma certa coisa invariavelmente acontece. Onde quer que estas condições estejam presentes, segue-se-lhes um certo evento; é a declaração de uma sequência, uma sucessão, imutável, irrevogável, porque estas leis são expressões da Natureza Divina, na qual não existe mudança, nem sombra de alteração. A Lei da Natureza não é uma ordem: "Faça isto"; "Não faça aquilo". É uma afirmação: "Se tais e tais condições estiverem presentes, tais e tais resultados acontecerão"; se as condições mudarem, os resultados mudarão com elas.

Não existe qualquer penalidade arbitrária ligada à Lei da Natureza. A Natureza não pune. Na Natureza temos a afirmação das condições, a sequência de acontecimentos, e nada mais. Dada uma tal condição, haverá um resultado, que é uma sequência ou sucessão inevitável; não é uma pena nem uma punição arbitrária.

Mas o contraste entre a Lei da Natureza e a lei do homem pode ser levado ainda mais adiante. A lei do homem pode ser infringida, mas nenhuma Lei da Natureza pode sê-lo. A Natureza não conhece violação de suas Leis. A lei do homem pode ser violada por ele mesmo, mas a Lei da Natureza não. A Lei permanece a mesma, não importa o que se faça, ela permanecerá imutável e firme como uma rocha, contra a qual as ondas arrebentam, sem sacudi-la ou movê-la um fio de cabelo que seja, conseguindo apenas cair a seus pés sob a forma de espuma.

Assim é a Lei da Natureza: uma afirmação de condições, de sequências invariáveis de acontecimentos invioláveis, indestrutíveis; tal é a Lei. Por isso devemos nela pensar, quando estivermos lidando tanto com a vida superior quanto com a vida inferior.

Desta forma, nos sobrevém um senso de perfeita segurança, de poder infinito, de possibilidades ilimitadas. Não estamos numa região de caprichos arbitrários, onde em um dia pode suceder isto, em outro dia aquilo. Podemos trabalhar com a absoluta certeza dos resultados. Nossas próprias fantasias não irão mudar a Lei; nossas emoções sempre em mutação não irão tocar a Eterna Vontade. Podemos trabalhar confiando no resultado, pois repousamos na Realidade, a Realidade Una que é a Lei Una no Universo.

Mas é preciso algo para se trabalhar em paz e segurança no reino da Lei – esse algo é o Conhecimento.

As leis que, enquanto as ignorarmos, podem atirar-nos de um lugar para outro, atrapalhado nossos planos, frustrando nossos esforços, transformando nossa esperança em ruína, e colocando-nos no mesmo nível do pó – essas mesmas leis, que assim nos tratam enquanto somos ignorantes, tornam-se nossas servidoras, nossas auxiliares, e nos elevam, quando o conhecimento tiver substituído a ignorância. Faço minhas as palavras fecundas e significativas, enunciadas por um cientista inglês

– palavras que deveriam estar gravadas em letras de ouro – "A Natureza é conquistada pela obediência!"

"Conheça a Lei e a obedeça. Trabalhe com ela, e ela lhe elevará com sua força infinita, carregando-o até a meta que você deseja alcançar. A Lei que é um perigo quando não é conhecida, torna-se uma salvadora quando conhecida e compreendida. Veja como, através das idades deixadas para trás, a natureza física lhe ensinou cada vez mais este fato maravilhoso. Observe o clarão do raio no céu tempestuoso, como ele se projeta para baixo, atingindo uma torre ou uma fortaleza. Elas caem em ruínas, destruídas pelo clarão de fogo incontido e desenfreado. Quão perigoso, quão terrível, quão misterioso! Como irá o pobre homem enfrentar o fogo dos céus? Mas agora o homem aprendeu a submeter o mesmo fogo ao seu serviço; ele o subjugou pelo conhecimento. Agora a mesma força transporta suas mensagens por sobre os mares e as terras, e une o pai ao filho que viajou milhares de milhas, no elo amoroso de simpatia e comunicação; o raio que destruía torna-se um fluido elétrico que dá esperança e vida ao pai ansioso, e transporta mensagens de amor e boa-vontade por sobre terra e mar. A Natureza é conquistada e suas forças tornam-se nossas serviçais, quando aprendemos a trabalhar ao modo delas.

O mesmo se dá com todas as outras forças, acima e abaixo; o mesmo acontece em cada canto do universo, visível e invisível. Você deve conhecer as Leis da Vida Superior, se deseja vivê-las. Conheça essas Leis e elas lhe transportarão até a sua meta; ignore-as, e seus esforços serão frustrados, e todo o seu empenho será como se não tivesse acontecido.

Vamos agora ao que chamei de Consciência Superior ou Mais Ampla, abordando esse assunto a partir de dois pontos de vista: do familiar ao Oriente, que aprendeu a estudar a consciência a partir do interior, e que a considera, funcionando no corpo, como a mais baixa manifestação da consciência, uma representação limitada da Consciência mais elevada e mais ampla. E do ponto de vista ocidental: uma vez que o pensamento e a ciência ocidentais difundiram-se na Índia, existe uma certeza tão aparente a respeito delas, uma fascinação tal, que às vezes o pensamento ocidental pode conquistar o público, e a apresentação oriental familiar desviar-se da estrada que leva até a mente. Muitas pessoas treinadas nos hábitos do pensamento e da ciência materialista do Ocidente, atualmente reconhecem que existe uma consciência mais ampla do que a consciência cerebral, uma consciência que transcende o corpo, e isso vem causando admiração e perplexidade, controvérsia e amplo debate, sobre a qual os homens de ciências estão fazendo experiências, tentando compreender, tentando, por assim dizer, reduzi-la a alguma forma familiar dentro do reino da Lei. A investigação está levando-os, por meio de experimentos científicos sobre o plano físico, aos mesmos resultados que encontramos nos ensinamentos orientais, resultados obtidos no Oriente pela prática do *Yoga* e o consequente desenvolvimento da Consciência Superior, que de cima olha para o plano físico embaixo.

A Psicologia oriental – partindo do Eu Superior, e vendo esse Eu trabalhando em vários veículos – delineia dedutivamente seu trabalho sobre o plano físico. A Psicologia ocidental – partindo do plano físico, estudando primeiramente o veículo e depois a consciência atuante nesse veículo – está lentamente se elevando, passo a passo, até ser compelida a transcender as condições corporais comuns, até que, por seus próprios métodos artificiais, esteja produzindo estados de consciência com os quais o Oriente está há muito familiarizado. A Psicologia Ocidental está tentando, de maneira vaga e às apalpadelas, deduzir alguma teoria que irá tornar os fatos inteligíveis e coerentes. A longa estrada é algo estranha e pouco promissora, mas, apesar de tudo, está aproximando-se de uma meta semelhante à encontrada há muitas eras pelo *insight* espiritual dos Videntes.

Esta é a linha ao longo da qual nos propusemos seguir. Não precisamos delongar-nos sobre o tema daquilo que é chamado consciência de vigília: as faculdades mentais, emoções etc., que encontramos ao nosso redor no dia a dia. O Ocidente começou a estudar estas coisas através do cérebro e do sistema nervoso. Houve uma época, há mais ou menos vinte e cinco anos, em que essa Psicologia não era considerada confiável se não estivesse baseada no conhecimento da Fisiologia. A máxima era: "Você deve começar estudando o corpo, o sistema nervoso, as leis do seu funcionamento e as condições de suas atividades. Quando compreender estas coisas, entenderá o funcionamento do pensamento e as atividades da mente; pondo assim uma base de sólida Psicologia racional no seu conhecimento fisiológico". Não acredito que hoje em dia essa ideia ainda seja aprovada pelos estudantes mais avançados no Ocidente. Mas apesar de tudo, estudando ao longo dessas linhas fisiológicas, eles chegaram a resultados muito marcantes, como sempre sucederá ao homem, quando honestamente interrogar a Natureza.

Primeiramente notaram que a consciência do homem não estava restrita ao estado de vigília. Começaram a estudar os sonhos e a tentar analisar e compreender o funcionamento da consciência quando o corpo estava adormecido. Após coletarem um grande número de fatos, eles os arranjaram em forma de tabela. Mas descobriram que a investigação que levavam a cabo não era satisfatória, porque era difícil excluir todas as condições que não queriam estudar. Às vezes um sonho era produzido por uma desordem em algum órgão do corpo; às vezes por indigestão ou excesso de alimentação. Eles queriam eliminar estas condições. Gradualmente tiveram a ideia de tentar estudar o funcionamento desta consciência do sonho induzindo ao transe artificial, um estado de sonho sob certas condições definidas, que poderiam ser produzidas à vontade, e que não fosse resultado do distúrbio de nenhum órgão do corpo.

Baseados nisso temos todas as pesquisas do hipnotismo, experimentos exaustivamente repetidos, sobre os quais podemos ler nos livros especialmente voltados a esses estudos.

Qual foi o resultado desses experimentos amplos, frequentemente repetidos? Foi o de que sob condições nas quais era impossível o pensamento normal, porque o cérebro estava numa condição letárgica, com mau suprimento de sangue em más condições, sob circunstâncias que poderiam levar ao coma, aparecia um conjunto de resultados totalmente inesperado. As qualidades mentais não diminuíam de poder; pelo contrário, elas tornavam-se mais aguçadas, mais sutis, mais poderosas de todas as maneiras, quando o cérebro estava paralisado. Para surpresa deles, descobriram que, no transe, a memória recuava através dos anos de vida esquecidos, e trazia incidentes da infância há muito esquecidos; não apenas a memória, mas os poderes de raciocínio, argumentação, julgamento, tudo se tornava mais forte, mais facilmente usado, mais eficaz em seu funcionamento. Sob condições onde os sentidos estavam bloqueados como no sono, as funções dos sentidos eram levadas a cabo mais eficazmente através de órgãos diferentes dos órgãos comuns. O olho, que não respondia ao clarão da lanterna, perscrutava distâncias que no estado de vigília não conseguia medir, lia livros que estavam fechados, fazia atalhos através dos tecidos até o interior do corpo, e descrevia doenças que estavam ocultas sob a carne e o esqueleto. O mesmo se dava com o ouvido. O ouvido conseguia ouvir um som que ocorria muito além do limite de audição do estado de vigília, e responder a perguntas feitas de lugares muito distantes, onde o ouvido comum não poderia responder às vibrações fracas e delicadas.

Esses resultados obrigaram os homens a fazer uma pausa, e eles começaram a questionar: Que consciência é essa que vê sem olhos, que ouve sem ouvidos, que lembra quando o órgão da memória está paralisado, que raciocina quando o instrumento da razão está em letargia? Que consciência é essa, e quais são os seus instrumentos?

E não era só no transe superficial que esses estranhos resultados aconteciam. Descobriu-se que quanto mais profundo o transe, mais sublime a consciência. Esse foi o passo seguinte. O transe que não é muito profundo mostrará apenas uma certa aceleração das faculdades. Aumente-se a profundidade do transe, e os resultados da consciência brilharão ainda mais. Foram coletados fatos que mostravam que o homem não tinha apenas uma consciência, mas muitas consciências, até onde dizia respeito ao seu funcionamento em separado. Também foram feitas experiências com uma camponesa que em seu estado normal era obtusa e lerda. Puseram-na em transe, e nesse estado ela se tornou mais inteligente; e o que era ainda mais estranho, olhava com desprezo para sua própria consciência do estado de vigília, criticava seu modo de funcionamento, falava de maneira desdenhosa de suas limitações, proferindo frases duras, tais como: "Essa criatura", quando a ela se referia.

Em transe e em sono ainda mais profundos, ela apresentava uma consciência mais sublime, uma consciência dignificada, intensa, séria, que olhava com desprezo as outras duas manifestações, criticando-as com severidade, separação e distância. Ela criticava suas ações, culpando-se de suas falhas e elevando-se acima de suas limitações. Assim, três estágios de consciência foram vistos nessa camponesa, e quanto mais profundo o transe mais elevada a consciência manifestada.

Um outro fato estranho surgiu. No estado de vigília, a camponesa nada sabia da segunda ou da terceira consciência. Para ela, não existiam. A segunda consciência conhecia aquela que estava abaixo de si, mas não conhecia a que estava acima. A terceira desprezava as duas, mas nada sabia a respeito de algo superior a si mesma.

Daí surgiu uma outra ideia: a de que não apenas a consciência podia mostrar poderes superiores aos do estado de vigília, mas que a consciência limitada não podia conhecer a consciência superior ou mais ampla que estava além de suas próprias limitações. A superior conhecia a inferior, a inferior não conhecia a superior. Então a ignorância da inferior não era prova da não existência da superior. As limitações que tolhiam a consciência inferior não podiam ser usadas como argumento contra a condição superior, que não conseguia apreciar o que ocorria devido às suas limitações. Tais são alguns dos resultados da ciência ocidental e de suas investigações.

Passemos agora a uma outra linha de estudo. Os homens, materialistas no seu modo de pensar, ao estudarem cuidadosamente o mecanismo do cérebro, chegaram a certas conclusões quanto ao tipo de cérebro no qual eram manifestados resultados anormais de consciência, à parte de todos os estados de transe artificialmente induzidos. Essa Escola de Pensadores pode ser resumida na declaração de Lombroso, um grande cientista italiano. Ele declarou que o cérebro de um gênio é anormal e doente. "O gênio está aliado à loucura"; ele dizia que onde quer que encontremos cérebros nos quais sejam vistos acontecimentos anormais, esse cérebro está às raias da doença, e o caminho natural disso é a insanidade.

A *Consciência Superior* 35

Havia algumas ideias correntes desse tipo mesmo antes de Lombroso, pois conhecemos o verso de Shakespeare: "Grande sabedoria quase aliada da loucura".[2]

Essa afirmação em si mesma não precisaria ter causado muito dano, não tivesse chegado à extensão a que chegou na Escola de Lombroso. Mas o modo como foi aí aplicada, tornou-se uma arma de terrível perspicácia contra todas as experiências religiosas. Os homens desta Escola, tirando suas conclusões sobre fatos psicológicos, diziam que o cérebro torna-se anormal quando responde a certos estímulos que em seu estado normal não responderia.

À medida que essa ideia gradualmente se espalhou, eles deram o passo seguinte e disseram:

---

[2] No original em inglês : *Great wits to madness near allied.* (N.E.)

"Aqui está a explicação de todas as experiências religiosas. Sempre tivemos visões, místicos e videntes. Toda religião contém o testemunho de acontecimentos anormais, declarações de visões, e de coisas normalmente invisíveis ao cérebro sadio, equilibrado e racional. O homem que tem visões é um homem cujo cérebro está doente; ele é um neuropático, está doente, quer seja um Santo ou um Sábio. Todas as experiências dos Santos e dos Sábios, todo seu testemunho quanto aos fenômenos dos mundos invisíveis – todas essas coisas são sonhos de um intelecto desordenado, funcionando no cérebro que se tornou superextenuado e doente".

As pessoas religiosas, espantadas com tal afirmação, mal sabiam como responder. Aturdidas com o que lhes parecia uma blasfêmia, que considerava todas as experiências religiosas como neuropáticas, os Santos não sabiam o que dizer, quando eram taxados de nada mais que neuropáticos, vítimas de um sistema nervoso doente, sofredores de problemas nervosos obscuros. A ideia parecia atingir a própria raiz das esperanças da humanidade, e com um golpe cruel arrebatar o testemunho mundial quanto à realidade dos mundos invisíveis.

Existe uma resposta que facilmente poderia ser dada a esta ousada afirmação. Tornarei a resposta a mais ampla possível, antes de explicar as condições sob as quais isso pode ser feito.

Suponhamos que fosse totalmente verdadeira; suponhamos que os maiores gênios da humanidade no campo da religião, da ciência e da literatura fossem todos e cada um deles neuropáticos, doentes do cérebro: *E então?*

Quando julgamos o valor daquilo que um homem dá ao mundo, não julgamos pelo estado do seu cérebro, mas pelos resultados sobre os seus corações, suas consciências e ações. Se todo gênio fosse irmão gêmeo de um lunático, se todo Santo fosse doente do cérebro, se toda visão do Supremo, dos *Devas* e dos Santos viesse através de um cérebro doente ao entrar em contato com alguma coisa: *E então?*

O valor daquilo que essas pessoas nos deram, essa é a medida com a qual nós as medimos. Quando a vida de um homem é completamente mudada ao entrar na presença de um Santo, explicamos a mudança dizendo que o cérebro do Santo é doente? Se assim for, então a doença do Santo é melhor do que a saúde da média dos trabalhadores esforçados; o cérebro superextenuado do gênio é mil vezes mais precioso para a humanidade do que o cérebro normal do homem das ruas. Pergunto o que estes homens nos legaram; e descubro que cada verdade elevada que estimula o esforço humano e que proveio de Deus para o homem, toda verdade que nos conforta em nossas dores, que nos eleva acima do medo da morte, que nos faz saber que somos imortais, veio de tais neuropáticos. Que importa o rótulo que é atribuído à fisiologia dos seus cérebros? Eu venero aqueles que deram à humanidade essas verdades por meio das quais ela vive.

A minha segunda resposta é: Consideremos até onde existe prova para a verdade nesta afirmação da Escola de Lombroso. Posso admitir que, até onde digam respeito às condições fisiológicas, de certa maneira Lombroso está certo; e é natural que deva ser assim. O cérebro do homem normal, resultado da evolução humana até o estágio atual, é o cérebro que melhor consegue lidar com as questões comuns do mundo, como comprar e vender, fraudar e trapacear, explorar e espezinhar o mais fraco. O cérebro normal do homem tem que lidar com as dificuldades da vida e os solavancos do mundo; tem de se haver com os eventos comuns da vida; não podem ser esperadas manifestações da Consciência Superior através de um cérebro nutrido com alimento impuro, que se tornou escravo das paixões, e servo do egoísmo e da crueldade. Por que esperar desse cérebro alguma resposta aos impulsos espirituais da Consciência Superior, ou qualquer sensibilidade para com as vibrações mais agudas dos mundos superiores? Ele é o produto da evolução passada e representa o passado.

Mas, e quanto ao outro cérebro, o cérebro que responde às vibrações mais sutis? Estes são os cérebros que têm a promessa do futuro. Eles nos falam da evolução que virá, não da evolução que passou.

A Consciência Superior

É provável que aqueles que estejam na vanguarda da evolução, com suas naturezas mais sutilizadas e mais evoluídas sejam muito mais facilmente perturbados pelas vibrações mais grosseiras do mundo inferior do que aqueles adaptados a ele; e o próprio fato de que seus cérebros são responsivos ao mais sutil, irá torná-los menos ajustados a responder às vibrações mais grosseiras do mundo inferior.

Temos duas condições muito diferentes a considerar: O primeiro, o cérebro mais altamente evoluído, normalmente sensível e pronto a responder às vibrações sutis, num estado de equilíbrio muito delicado; esse é o cérebro do gênio: espiritual, artístico e literário. O segundo, o cérebro normal, que sob o estresse de uma forte emoção, tornou-se por isso anormalmente sensível e tenso, e começou a funcionar de modo mais ou menos insatisfatório; este é o cérebro do místico e vidente comum.

O primeiro será normalmente saudável e sensível, mas não estará bem adaptado para enfrentar as demandas da vida inferior, e será negligente quanto aos afazeres comuns; será facilmente sacudido pelas vibrações violentas, e por isso com mais frequência ficará irritado ou impaciente, podendo facilmente perder o equilíbrio. O equilíbrio delicado de sua complexa maquinaria nervosa será muito mais prontamente perturbado do que o tosco mecanismo autorregulável do cérebro menos evoluído. Posteriormente na evolução, tais cérebros terão mais estabilidade e elasticidade; atualmente, eles perdem o equilíbrio com facilidade.

O segundo, normalmente incapaz de responder às vibrações sutis, só pode ser elevado a um determinado ponto de tensão por um esforço que prejudica seu mecanismo e que transparece como distúrbio nervoso. A emoção forte, o desejo inten-

A Consciência Superior

so de alcançar a Vida Superior, a oração e o jejum prolongados, qualquer coisa, na verdade, que extenue os nervos, irá, durante algum tempo, tornar o cérebro suficientemente sensível para responder às vibrações dos planos mais sutis da existência. Então acontecerão as visões e outros acontecimentos anormais. A consciência superfísica encontra, durante um curto período de tempo, um veículo suficientemente sensível para receber e responder a seus impulsos. O cérebro neuropático não cria a visão; *essa* pertence ao mundo superfísico: mas o cérebro neuropático possui as condições necessárias para que a visão imprima-se na consciência física. Nestes casos, a histeria e outras doenças nervosas frequentemente acompanharão tais fenômenos.

É verdade que onde a evolução é compreendida e sabiamente orientada, não é necessário que a doença deva ser a condição destas experiências superiores. Mas não é incomum que, em muitos casos, tais homens e mulheres – não desenvolvidos suficientemente e sem treinamento, sem nenhum hábito de introspecção e autoanálise, e sem qualquer conhecimento do funcionamento das leis da consciência, mergulhados nas condições comuns de vida – devam ser menos racionais no plano físico de que seus semelhantes, porque cuidam menos das coisas deste mundo, dando muito mais atenção para as coisas da Vida Superior.

Vejamos o motivo deste perigo. A razão é simples. Podemos observar que, quando frouxa, não emitirá qualquer nota musical; porém, ao ser esticada, a nota soará. Somente quando esticada é que ela emitirá uma nota musical. Mas também é só por isso que ela estará exposta ao perigo de arrebentar. O mesmo se dá com o cérebro. Enquanto estiver relaxado, ele só responde às vibrações lentas do plano físico; nenhuma nota musical celeste pode soar através desse cérebro, porque sua matéria nervosa não está sob tensão suficiente para responder às vibrações mais rápidas. Somente quando a matéria nervosa é posta sob tensão por uma forte emoção, ou por uma grande tensão de algum tipo, é que o cérebro comum pode responder a elas. Sendo assim, a tensão que aparece como excitação nervosa, como histeria, na vida comum, não produz a condição da matéria nervosa capaz de responder às vibrações mais rápidas e sutis do que as do plano físico. A tensão do estado nervoso é uma condição necessária para o surgimento da Vida Superior e da Consciência.

Quando compreendemos bem este fato, o grande ataque da Escola de Lombroso sobre todas as experiências religiosas perde todo seu poder e ameaça. A doença, a neuropatia, é natural – pois se lida neste caso com veículos no estágio comum de evolução, inadequados às vibrações sutis. É preciso refiná-los, torná-los mais tensos, para que possam responder às vibrações superiores. No nosso atual estágio evolutivo, cercados como estamos de circunstâncias e magnetismos impuros, influências perturbadoras de toda espécie, não é de estranhar que o cérebro inadequado, esforçando-se para responder ao superior, fique perturbado pelo inferior, e torne-se dissonante entre os tons desarmônicos da Terra.

Olhemos para o Oriente, e vejamos como este perigo foi compreendido, prevenido e evitado. A psicologia oriental postula um Ser[3] que reúne em torno de si *upādhi* após *upādhi*, veículo após veículo, um Ser que gradualmente molda seus próprios instrumentos. Ele molda um corpo mental, para que por meio dele seus poderes de pensar possam entrar em contato com o mundo exterior; mol-

---

[3] No original em inglês: *Self.* (N.E.)

da um corpo astral, para que através dele seus poderes de emoção possam ser expressados no mundo exterior; molda um corpo físico, para que por meio dele seu aspecto de atividade possa funcionar no mundo exterior. Na psicologia oriental, estamos lidando com uma consciência que molda corpos de acordo com suas necessidades.

Ora, como irão os corpos ser moldados segundo as necessidades da Consciência Superior? Refinando-os gradualmente e trazendo-os sob o controle do Superior; e por isso a meditação é considerada o meio para tal. Mas onde um homem desejasse fazer um progresso muito rápido, descobriu-se que era mais fácil ir para a selva e por algum tempo isolar-se do mundo inferior. Assim ele escapava dos magnetismos mais grosseiros do mundo exterior, e se colocava num lugar no qual as vibrações mais grosseiras não o alcançavam; por isso era menos provável que fosse perturbado por essas vibrações mais toscas e mais grosseiras. Lá nas selvas e florestas tais homens começavam a meditar, pondo o cérebro sob tensão e refinando-o por meio da concentração da mente, pela restrição gradual das faculdades inferiores, fixando-o na arrebatada atenção sobre o Superior. A consciência funcionando de cima tocava de leve o cérebro físico através desta atenção fixa, e gradualmente o tornava mais tenso, e o afinava para responder com segurança às vibrações superiores. Então ele se esforçava para atrair o inferior para cima, até que não mais respondesse aos estímulos do mundo externo. A mesma insensibilidade às vibrações externas que o hipnotismo obtém por meios artificiais, é obtida no *Yoga* pela completa retirada da consciência dos *Indriyas* (sentidos).

O passo seguinte, após bloquear os sentidos, era aquietar os poderes da mente, fixá-la, para que

A *Consciência Superior* 49

parasse de vibrar e se tornasse silenciosa, capaz de responder às vibrações oriundas de cima. Quando a mente estivesse tranquilizada e aquietada, quando não mais se permitisse que nenhum desejo perturbasse sua serenidade, como um lago em perfeita calma, naquela mente pacificada era lançado o reflexo do Ser[4]; o homem via na tranquilidade da mente e no silêncio dos sentidos, a majestade, a glória do Ser. Esse é o modo oriental.

Podemos entender, a partir deste ponto de vista, como o cérebro deve ser mudado, como tem de ser refinado e aperfeiçoado; como todos os seus elos de comunicação têm de ser moldados e preparados para os propósitos da expressão da Consciência Superior.

Seguindo-se esta linha de autodisciplina, ou *Yoga*, quais são as condições da evolução do cé-

---

[4] Vide nota p. 46. (N.E.)

rebro? Em primeiro lugar, a pureza do corpo; em segundo, o seu refinamento, e por fim a complexidade aumentada do cérebro. Essas coisas são essenciais. Não suponha que enquanto suas ações ainda o estão dominando, enquanto suas exigências podem perturbar a mente, enquanto o corpo está descontrolado, você esteja pronto para receber o reflexo do Eu na mente. É preciso aprender a dominar o corpo, a mantê-lo sob controle, propiciando-lhe sono, exercícios e alimentos apropriados, satisfazendo todas as suas necessidades, de modo a mantê-lo saudável, não como um mestre, mas como o obediente criado da consciência. Reflita sobre o que o Shri Krishna diz: "Em verdade, *Yoga* não é para quem come demais, nem para quem se abstém em excesso, nem para quem é demasiado afeito a dormir, nem para quem é demasiado afeito à vigília, Oh Arjuna!"[5]

---

[5] *Bhagavad-Gita,* VI 16. (Editora Teosófica, 2011, N.E.)

Não deve haver extremos em nenhum dos dois lados; não se deve torturar o corpo que é o instrumento, mas também não ceder ao corpo para que ele não se imagine o senhor do Ser. Seguindo-se este treinamento, o cérebro capacita-se para receber as vibrações mais sutis, sem perda de equilíbrio, e a saúde não é sacrificada para se obter delicadeza e sensibilidade. O *yogue* é intensamente sensível, mas perfeitamente são.

Tendo controlado e purificado o corpo, podemos torná-lo sensível às vibrações superiores, responsivo ao som produzido pelas notas mais sublimes. Mas para conseguir isso, devemos perder o interesse pelo que é inferior, e nos tornarmos indiferentes às atrações da vida exterior. Devemos possuir *Vairagya*, imparcialidade, pois essa é a condição para a Consciência Superior revelar-se no mundo inferior. Enquanto você ama as coisas inferiores do mundo, a Consciência Superior não consegue usar este *upādhi* como veículo. Devoção unidirecionada ao Supremo, um desenvolvimento claro, bem-equilibrado, inteligente, do intelecto e das emoções, esta é a estrada ao longo da qual devemos trilhar, se quisermos que a Consciência Superior manifeste-se na Terra. Devemos levar uma vida pura, compassiva e gentil, aprendendo a ver o Ser em todos à nossa volta, no feio e no bonito, no baixo e no alto, na planta e no *Deva*. Aquele que vê o Ser em tudo, e todas as coisas no Ser, ele vê verdadeiramente.

A Lei do Dever

Na nossa palestra de ontem, chegamos a certas conclusões definidas. Estudamos a natureza da Lei e descobrimos que existe em cada um de nós uma Consciência maior do que a consciência cerebral desperta no homem. Vimos que para essa Consciência se manifestar, seria então necessário que os sentidos estivessem totalmente controlados e a mente contida. Eis até aonde fomos ontem no nosso estudo da Vida Superior.

Entramos agora num outro estágio do nosso estudo, e temos que considerar como o homem deve dirigir sua conduta para que a Consciência Superior possa manifestar-se nele com todo seu poder. Queremos ver os estágios da preparação e compreender o que cada um de nós pode fazer, na posição em que se encontra, com o intuito de preparar-se para o desabrochar divino, para aquele florescimento do botão de Consciência que está crescendo lentamente dentro de cada um de nós. E para que possamos acompanhar o tema com facilidade, definamos uma ou duas palavras e expressões que teremos que usar ao longo de todo o percurso.

Primeiramente, o que se quer dizer por Vida Superior? Usei essa expressão no sentido mais amplo do termo, para todas as manifestações da vida acima da física. Deveria estar aí inclusa a manifestação do homem nos vários mundos invisíveis aos olhos da carne, regiões sobre as quais falamos usando a palavra "planos": plano astral, plano *manásico*, plano *búdico*, plano *átmico*, e o que quer que no vasto universo possa estar além.

O que queremos dizer por "espiritual"? Todas as manifestações da Vida Superior definidas dessa maneira não são necessariamente espirituais. Devemos separar, em nosso pensamento, a forma na qual a Consciência está corporificada e a Consciência em si. Nada que tenha forma é espiritual em sua natureza. A vida da forma em cada plano pertence à manifestação de *prākriti*, e não à espiritual. A manifestação da vida na forma pode ocorrer no plano astral, ou no plano *manásico*, mas não é mais espiritual do que no plano físico. Em toda parte a manifestação de *prākriti* é puramente fenomenal, e nada que seja fenomenal pode ser chamado de espiritual. Isso é algo a ser lembrado. De outro modo, cometeremos muitos erros em nossos estudos, e não escolheremos corretamente os meios pelos quais o espiritual deve evoluir.

Não importa que a vida da forma seja vivida num plano inferior ou superior: mineral, vegetal, animal, homem, ou *Deva*. Visto que é *prakrítico*, fenomenal, em natureza, nada tem a ver com o que possa reivindicar o nome de espiritual. Um homem pode desenvolver *siddhis* astrais ou *manásicos*, pode possuir um olho que consiga ver espaço adentro, ver distante no universo, pode ouvir o canto dos *Devas* e ouvir o canto no *Svarga*,[6] mas tudo isso é fenomenal, tudo isso é transitório. O Espiritual e o Eterno não pertencem à vida da forma.

O que é, então, Espiritual? É apenas a vida da Consciência que reconhece a Unidade, que vê um Ser[7] em tudo e tudo no Ser. A vida espiritual é a vida que, perscrutando o número infinito de fenômenos,

---

[6] (Sâns.) Céu, paraíso, ou paraíso de Indra, mundo celeste, mansão dos deuses de bem-aventuradas. Glossário Teosófico, Editora Ground, São Paulo, 1995. (N.E)

[7] *Self*, no original em inglês. (N.E.)

penetra o véu de *Māyā* e vê o Uno e o Eterno dentro de cada forma mutante. Conhecer o Ser, amar o Ser, realizar o Ser, isso e somente isso é Espiritualidade, assim como ver somente o Ser em toda parte é Sabedoria. Tudo que esteja fora disso é ignorância; não é espiritual. Se vocês entenderem bem esta definição, serão compelidos a não escolher o fenomenal, mas sim o real, a escolher a vida do Espírito como sendo distinta da vida da forma, embora no plano mais elevado. Serão compelidos a escolher métodos definidos para desenvolver a vida do Espírito, e buscarão o conhecimento da lei que possibilitará o desabrochar da Consciência, para que ela possa reconhecer sua unidade com toda a Consciência em toda parte, para que cada forma seja querida não pela forma em si, mas pelo Ser, que é a vida e a realidade da forma.

Lembrem-se de como Yajñavalkya ensinou a Maitrejī, quando ela desejou conhecer esta mesma parte espiritual da Vida Superior, e ele disse: "Não é por causa do marido que o marido é querido, mas por causa do Ser[8] o marido é querido; não é por causa da esposa que a esposa é querida, mas por causa do Ser a esposa é querida"; e assim por diante, de uma coisa a outra, a criança, o amado, o amigo, terminando finalmente com a vida que se estende além da física: "Não é por causa dos *Devas* que os *Devas* são queridos, mas por causa do Ser os *Devas* são queridos".

Essa é a nota do Espírito. Tudo está no Ser. O Uno é reconhecido em toda parte. Como iremos alcançá-lo e conhecê-lo, se estamos cegos pela matéria?

Vamos observar que o primeiro grande passo rumo à aquisição desta realização é a Lei do Dever.

---

[8] Vide nota p. 56. (N.E.)

Façamos uma pequena pausa para entender por que a Lei do Dever é a primeira verdade que o homem deve obedecer, se deseja elevar-se à vida espiritual.

Encontramos seres à nossa volta, pertencentes aos mundos superiores, que não são espirituais, mas que exercem forças enormes, que energizam a natureza, submetendo a matéria à sua vontade: seres poderosos, de poderes tremendos, que ordenam o mundo à nossa volta; alguns ajudando a impulsionar a evolução pela inspiração de nobres pensamentos e elevados esforços; outros, que também estão ajudando a impulsionar a evolução, mas que se esforçam para impedir o progresso do homem e para confundi-lo, para que o homem possa aprender a manter os próprios pés firmemente no chão, e que, ao lutar contra o que é errado, possa tornar-se perfeito na retidão. Ambos os lados são da manifestação divina; não se pode ter a luz sem as trevas, nem progresso sem resistência; não existe evolução sem a força que trabalha contra ela. A força que trabalha contra a evolução é que dá estabilidade e progresso, e torna possível o crescimento superior do homem.

Devemos, portanto, atentar para não cair nos erros comuns, confundindo as funções dos dois. As forças e os seres do mundo superior que ajudam a impulsionar a evolução, que guiam e inspiram, que nos elevam e nos purificam, esses são corretamente objetos de reverência, e em segurança podemos seguir os seus passos, e a eles podemos orar em segurança. Os outros poderes são nossos amigos, na medida em que lhes resistamos e lhes façamos oposição; e só podem ajudar-nos quando lutarmos contra eles. Pois então, eles nos fortalecem os músculos e os nervos espirituais. Mas o sucesso que podemos obter em termos de evolução em sua região jaz no poder por meio do qual os combatemos; e a força que é desenvolvida na luta ajuda a impulsionar nossa evolução. Eles não devem ser seguidos nem obedecidos; não se deve meditar sobre eles, nem se lhes apelar. Como então irá o viandante escolher seu caminho, e conhecer o teste por meio do qual pode distinguir um do outro?

Pela Lei do Dever dentro de si, pelo Ser divino que assinala o caminho do progresso, pela obediência ao Dever acima de tudo, e pela reverência à Verdade como o que há de mais elevado, e adorando-a sem sombra de indecisão ou ideia de mudança.

Ora, às vezes dizem, e é verdade, que em sânscrito não existe palavra para definir aquilo que no Ocidente tem sido chamado de Consciência. Tomando o testemunho de eruditos em sânscrito, aprendemos que não existe palavra que seja o equivalente exato de Consciência. Não estamos buscando palavras, mas coisas; não estamos buscando rótulos, mas fatos. Pergunto-lhes em que Escrituras ou literatura é possível encontrar expressão melhor desta ideia de Consciência do que no Oriente, onde encontramos a obediência à Consciência e a reverência pelo Dever brilhando em práticas e exemplos preciosos nas vidas de homens da Índia antiga, tanto quanto nos preceitos registrados nos antigos livros sânscritos?

Vejamos, por exemplo, a conduta de Yudhishthira, o Rei justo, que certa vez em julgamento nas mãos do próprio Sri Krishna renegara a verdade; na última cena de sua vida, antes de deixar esta Terra, quando Indra, o Rei dos *Devas*, desce à Terra e lhe ordena subir em sua carruagem e seguir para o céu mais elevado. Lembremos como, apontando para o cão fiel que sobrevivera à terrível jornada através do grande deserto, ele diz: "Meu coração está tocado de compaixão pelo cão; permita que ele venha comigo para o *Svarga*". "Não há lugar para cães no *Svarga*", responde Indra; e como Yudhishthira ainda se recusava ele fez-se sarcástico e disse: "Você deixou seus irmãos morrerem no grande deserto; deixou-os mortos e caídos. Você deixou Draupadi morrer, e o cadáver dela não deteve sua marcha adiante. Se irmãos e esposa foram deixados para trás, por que se prender a um cachorro, e por que desejas levá-lo adiante?" Então respondeu Yudhishthira: "Pelos mortos nada podemos fazer; não pude ajudar meus irmãos ou minha esposa. Mas esta criatura está viva, e não morta. Semelhante a matar o duas vezes nascido, a danificar as mercadorias dos brâmanes, é o pecado de abandonar o desamparado, que buscou refúgio em ti. Eu não irei para o céu sozinho". E quando se viu que ele permanecia inabalado pelo argumento divino, e por todos os apelos e sofismas dos *Devas*, então o cão desapareceu, e a encarnação do *Dharma* elevou--se perante ele, ordenando-lhe que subisse aos céus. Mais forte do que a ordem de Indra foi a firme consciência do Rei. Nenhuma tentação de imortalidade o fez desviar-se do dever, nem a doce língua dos *Devas* conseguiu cegá-lo quanto ao caminho da retidão para o qual apontava sua consciência.

Ora, recuemos um pouco na evolução, e vejamos onde Bali, Rei dos Daityas, está oferecendo sacrifício ao Supremo; um duende disforme aproxima-se e pede uma dádiva: "Três passos de terra, ó Rei, como presente sacrificial." Três passos de terra, medidos com aqueles membros curtos de um duende? – na verdade, um presente insignificante. A dádiva é concedida; e, veja-se! O primeiro passo abarca a terra; o segundo atravessa o céu; aonde será que o terceiro passo alcançará? O céu e a terra são abarcados; o que resta então? Existe apenas o peito do devoto, que se atira ao chão para que o terceiro passo possa ser dado sobre o seu peito. Então surgem protestos de todos os lados: "Isto é fraude". "É uma decepção". "É o próprio Hari que está te atraindo para a destruição. Falte com a palavra, e não siga a verdade até se arruinar". Mas embora as vozes cheguem ao seu ouvido, ele considera a verdade, o dever e a consciência maiores do que a perda da vida e do reino, e jaz prostrado, imóvel. Logo chega seu Guru, mais reverenciado do que qualquer outro, e lhe ordena faltar com a palavra; e quando até mesmo a ele Bali não dá ouvidos, o Guru o amaldiçoa por sua desobediência – e então? Então a forma de Vishnu manifesta-se, aquela forma poderosa que envolve a terra e os céus, e uma voz, falando com a doçura do arrulhar de uma pomba, é ouvida no silêncio que se segue: "Bali, derrotado e atacado de todos os lados, injuriado por seus amigos, amaldiçoado por seu preceptor, este Bali não abre mão da verdade". Então Vishnu declara que ele, num *Kalpa*[9] futuro, será Indra, o monarca dos *Devas*, pois somente onde a verdade é venerada pode-se confiar o poder com segurança.

Com tais casos perante nós, e muitíssimos outros que poderiam ser citados, o que importa se não se encontra palavra para "consciência"? A ideia brilha constantemente, a ideia de fidelidade ao dever, o reconhecimento da Lei do Dever. E que palavra é a tônica do povo hindu? É *Dharma*, que é o dever, a retidão.

O que é, então, a Lei do Dever? Ela varia com cada estágio de evolução, embora o princípio seja sempre o mesmo. É progressiva como é progressi-

---

[9] (Sânsc.) Geralmente um ciclo de tempo, porém, comumente, representa um "Dia" e uma "Noite" de *Brahmā*. Glossário Teosófico. Ed. Ground. São Paulo, 1995. (N.E.)

va a evolução. O dever do selvagem não é o dever do homem culto e evoluído. O dever do instrutor não é o dever do rei. O dever do comerciante não é o dever do guerreiro. Assim, quando estamos estudando a Lei do Dever, devemos começar estudando nosso próprio lugar na grande escada da evolução, estudando as circunstâncias à nossa volta que mostram nosso *karma*, estudando nossos próprios poderes e capacidades, e tomando consciência de nossas fraquezas. E a partir deste estudo cuidadoso devemos descobrir a Lei do Dever por meio da qual devemos orientar nossos passos.

O *Dharma* é o mesmo para todos que estão no mesmo estágio evolutivo e sob as mesmas circunstâncias, e existe algum *Dharma* comum a todos. Existem deveres estabelecidos para todos. Os décuplos deveres estabelecidos pelo Manu são obrigatórios para todos aqueles que queiram trabalhar com a evolução, os deveres gerais que o homem deve ao homem. A experiência do passado deixou neles a sua marca, e sobre eles não podem surgir dúvidas.

Mas há muitas questões sobre o *Dharma* que não são simples em caráter. A verdadeira dificuldade daqueles que estão se esforçando para avançar ao longo do caminho da espiritualidade é, geralmente, distinguir o seu *Dharma*, e saber o que exige a Lei do Dever.

Existem muitos casos, em nossa experiência diária, nos quais parece surgir conflito de deveres. Um dever chama-nos numa direção, outro noutra. Então ficamos perplexos quanto ao *Dharma*, tal como ficou Arjuna na batalha de Kurukshetra.

Estas são algumas das dificuldades da Vida Superior, os testes da Consciência em evolução.

A Lei do Dever

Não é muito difícil cumprir o dever que é claro e simples. É provável que aí não ocorra erro. Mas quando o caminho da ação torna-se emaranhado e duvidoso, quando não conseguimos ver, como então iremos trilhá-lo através das trevas? Sabemos de alguns perigos que obnubilam a razão e a visão, e dificultam distinguir o dever. Nossas personalidades são os nossos inimigos sempre presentes, aquele eu inferior que se veste de centenas de formas diferentes, que às vezes põe a mesma máscara do *Dharma*, e assim evita que reconheçamos que, ao segui-lo, estaremos seguindo o caminho do desejo e não o do dever. Como podemos então distinguir quando a personalidade nos está controlando, e quando o dever nos direciona? Como saberemos quando estamos sendo afastados do caminho, quando a própria atmosfera da personalidade que nos envolve distorce o objeto além de si pelo desejo e pela paixão?

Em provações assim não conheço maneira mais segura do que nos retirarmos em silêncio para a câmara do coração, para tentar pôr de lado os desejos pessoais, e por um instante nos esforçarmos em afastar da personalidade o nosso Ser, e olharmos para a questão numa luz mais ampla, mais clara, orando ao nosso *Gurudeva* para que nos oriente; então, sob essa luz podemos conquistar, por meio da oração, da autoanálise, e da meditação, o direito de escolher o caminho que nos pareça ser o do dever.

Podemos errar; mas se errarmos, tendo-nos esforçado para ver com clareza, lembremos que o erro é necessário para nos ensinar uma lição, que para nosso progresso é vital que aprendamos; podemos errar e escolher o caminho do desejo, iludidos por sua influência, e quando pensamos que estamos escolhendo o *Dharma*, podemos estar sendo movidos por *Ahamkāra*. Mesmo que seja assim, tomamos a atitude certa quando lutamos para ver o que é correto e resolvemos agir com retidão. Mesmo que ao nos esforçarmos para fazer o que é correto, fizermos o errado, podemos ter a certeza de que o Deus dentro de nós irá corrigir-nos. Por que deveríamos nos desesperar quando cometemos erros, quando nosso coração está fixo no Supremo, quando estamos esforçando-nos para ver o que é correto?

Não, em vez disso, se nos esforçamos para fazer o que é certo, e em nossa cegueira fazemos o errado, devemos sim dar as boas-vindas à dor que clareia a visão mental, e destemidamente bradaremos ao Senhor da passagem incandescente da montanha: "Enviai mais uma vez Vossas chamas para calcinar tudo que obstrua a visão, toda escória que está misturada ao ouro puro; queimai, ó Ser Radiante, até que saíamos do fogo como se fôramos ouro puro e refinado, do qual desapareceu toda impureza".

Porém se nós, covardemente, recuamos da responsabilidade de chegar a uma decisão e, surdos à voz da consciência, escolhemos o caminho fácil que uma outra pessoa nos disse ser correto, mas que sentimos ser o errado, e assim, contra nossa própria consciência seguimos o caminho de uma outra pessoa, o que fizemos? Embotamos a voz divina dentro de nós; e escolhemos o inferior e não o superior; escolhemos o fácil e não o difícil; escolhemos a subjugação da vontade e não sua purificação; e muito embora o caminho que trilhamos pela escolha de uma outra pessoa possa ser o melhor dos dois, não obstante prejudicamos nossa evolução ao falharmos em fazer aquilo que acreditávamos ser correto. Este erro é mil vezes mais injurioso do que errar pela fascinação do desejo.

A Lei do Dever

Fazer o que acreditamos ser o mais elevado – esse é o único caminho seguro para o aspirante espiritual. Se você afrontar o seu senso de retidão ao considerar como correto aquilo que em seu coração você sente ser errado, atendendo ao conselho e à ordem de outrem, então você perde o próprio poder de distinguir entre certo e errado, e apaga a única luz que tem, por mais fraca que essa luz possa ser, escolhendo caminhar nas trevas e não no crepúsculo. Como então será capaz de distinguir entre luz e sombra, entre os Irmãos Brancos e os Magos Negros; como saberá que este é divino e aquele *āsuric*, como distinguirá o *Deva* do *Asura*, a não ser que os teste pelo padrão do dever e pela retidão que encarnam? Onde o dever não é cumprido, onde o amor, a compaixão, a pureza, o autossacrifício não são vistos, aí pode haver poder, mas não há espiritualidade que ilumina o mundo, e que serve de exemplo ao homem.

No caminho da aspiração espiritual, não devemos esperar encontrar uma trajetória fácil e evidente, pois não se obtém a vida espiritual senão pelo esforço repetido e o fracasso constante. Exceto pela perseverança destemida, o caminho do dever não é encontrado. Desejemos conhecer apenas o que é correto, e com certeza iremos conhecê-lo; não importa que tenhamos de percorrer uma trajetória angustiante, devemos encontrar o que é correto. No nosso dia a dia, pratiquemos o que é correto, até onde consigamos vê-lo, e certamente veremos mais claramente à medida que seguirmos em frente.

Mas, já que muitos se tornaram confusos quanto aos guias que podem ajudá-los a trilhar o caminho para cima, e ao modo como podem conhecer seus guias, façamos uma pausa e vejamos quais são os testes e as provas da vida espiritual, da espiritu-

A Lei do Dever

alidade que deve ser copiada, vivida, que seja um exemplo, uma luz, no mundo.

O teste e a prova do homem espiritualmente avançado, apto para ser o guia, o instrutor, o auxiliar dos outros está na perfeição das qualidades que o aspirante esforça-se para reproduzir em si. Ele desempenha, de maneira perfeita, o que o aspirante desempenha imperfeitamente; ele encarna o ideal que o aspirante está esforçando-se por reproduzir. Quais são, então, essas qualidades que marcam a vida espiritual?

Em toda parte à nossa volta vemos homens e mulheres buscando a luz, lutando para crescer, perplexos, confusos, desnorteados.

Temos um dever para com todas e cada uma das pessoas que encontramos. Não deixamos de ter um dever para com qualquer um que penetre o círculo de nossa vida. O mundo não é governado pelo acaso; nenhum acontecimento fortuito ocorre na vida do homem. Os deveres são obrigações que devemos àqueles à nossa volta; e cada um dentro do nosso círculo é alguém a quem devemos uma obrigação.

Qual é o nosso dever de uns para com os outros? É o pagamento definitivo daquelas dívidas com as quais estamos familiarizados em nossos estudos; o dever de reverenciarmos e obedecermos àqueles que são superiores a nós, que estão acima de nós; o dever de sermos gentis, afetuosos e prestativos para com aqueles à nossa volta, no nosso nível; o dever de proteção, gentileza, utilidade e compaixão para com aqueles abaixo de nós. Estes são deveres universais, e nenhum aspirante deve fracassar pelo menos na tentativa de cumpri-los; sem o cumprimento destes deveres não há vida espiritual.

Mas mesmo quando tivermos pago ao máximo as dívidas ordenadas pela letra da Lei; quando tivermos pago e cumprido as obrigações impostas por nosso nascimento, por nossos laços familiares, por nosso ambiente social e *karma* nacional; ainda permanece um dever mais elevado que devemos colocar perante nós como a luz que ilumina nosso caminho.

Sempre que uma pessoa entrar em nosso círculo de vida, cuidemos para que ela deixe o círculo como uma pessoa melhor, melhor pelo contato conosco. Quando uma pessoa sem conhecimento se aproximar de nós, e tivermos mais conhecimento, que ao nos deixar ela seja uma pessoa melhor informada. Quando uma pessoa pesarosa aproximar-se de nós, façamos com que ao nos deixar ela sinta-se um pouco menos triste por termos partilhado sua dor com ela. Quando uma pessoa impotente vier até nós e formos fortes, que ao nos deixar ela saia fortalecida por nossa força, e não humilhada por nosso orgulho. Em toda parte sejamos ternos e pacientes, gentis e prestativos com todos. Não sejamos grosseiros no nosso dia a dia, para não confundirmos nem desnortearmos as pessoas. Já existe dor suficiente no mundo. Que o homem espiritual seja uma fonte de conforto e de paz; que ele seja uma luz no mundo, para que todos possam caminhar com mais segurança quando entrarem no seu círculo de influência. Julguemos nossa espiritualidade pelo efeito sobre o mundo, e sejamos cuidadosos para que o mundo possa crescer mais puro, melhor, mais feliz, porque estamos vivendo nele.

Para que estamos aqui, senão para ajudar, amar,

elevar mutuamente uns aos outros? Deve o homem espiritual pôr obstáculos ou elevar seus semelhantes? Deve ele ser um Salvador da humanidade, ou alguém que retarda a evolução de seu próximo, de quem as pessoas se afastam desencorajadas? Observe como a sua influência afeta os outros, por isso seja cuidadoso sobre o modo como suas palavras afetam sua vida. Sua fala deve ser gentil e suas palavras amorosas; nenhuma calúnia, maledicência, aspereza na fala ou suspeição grosseira deve poluir os lábios que estão esforçando-se para ser o veículo da vida espiritual. A dificuldade está em nós e não fora de nós. É aqui em nossas próprias vidas e em nossa própria conduta que deve ocorrer a evolução espiritual. Auxilie os seus irmãos, e não seja ríspido com eles. Levante-os quando caírem, e lembre, se você está de pé hoje, poderá também cair amanhã, e precisar da ajuda de uma outra pessoa, para que possa levantar.

Toda escritura declara que o Coração da Vida Divina é Compaixão Infinita. Compassivo, então, deve ser o homem espiritual. Vamos então, mesmo que seja pouco, em pequeninas porções de amor, dar aos nossos semelhantes uma gota daquele oceano de compaixão no qual o universo se banha. Jamais estaremos errados ao ajudar o nosso irmão, e ao colocar em segundo plano as nossas próprias necessidades para suprir as carências dele.

Isso e somente isso é verdadeira espiritualidade, e significa retornar ao ponto do qual partimos. Significa o reconhecimento do Ser em tudo. O homem espiritual deve levar uma vida mais elevada do que a vida de altruísmo. Deve levar uma vida de autoidentificação com tudo que vive e se move. Não existe "outro" neste mundo; todos somos um. Cada um é uma forma separada, mas um Espírito move-se e vive em tudo.

Ouça o que disse o Amado Divino, Shri Krishna, quando contemplando o mundo dos homens, deu Seu divino veredicto sobre o justo e o pecador: "Mesmo o mais pecador, se Me adorar de todo o coração, deverá ser contado entre os justos, porque se determinou corretamente. Rapidamente, ele torna-se obediente e segue para a paz eterna, Oh Kaunteya, tem por certo que Meu devoto nunca perecerá[10]."

Tome, então, a resolução correta, e nenhum medo penetrará no seu coração. Você pode cometer erros, pode cair várias vezes, mas prontamente voltará a cumprir os deveres e seguirá rumo à Paz Eterna.

Vamos nos devotar ao Amor Supremo. Reconheçamos nossa unidade n'Ele, e assim nossa

---

[10] *Bhagavad-Gita*, IX. 30, 31. Editora Teosófica, Brasília, 2010. (N.E.)

unidade com todos os outros; e porque tomamos a resolução correta, embora tenhamos fraquezas e falhas, existe a promessa da própria Verdade, de que rapidamente nos tornaremos cumpridores do dever e seguiremos em Paz.

A Lei do Sacrifício

Já vimos que um homem só consegue realizar-se como uma Consciência Superior na proporção em que tranquiliza os sentidos e controla a mente. Vimos também que ele avança rumo à realização da Vida Superior à medida que obedece à Lei do Dever, quando de modo definitivo e resoluto propõe-se ao cumprimento das obrigações nas quais incorreu.

Esta noite tentaremos nos elevar a uma região superior, para que possamos ver – após ter praticado a lei do Dever – como a Lei do Sacrifício nos eleva, permitindo-nos alcançar a união com o Divino. É a Lei do Sacrifício que vamos estudar agora.

Geralmente se diz, e com razão, que o sacrifício está impresso no universo em que vivemos. E por que não deveria ser assim, já que o universo no qual vivemos origina-se de um ato de sacrifício, na limitação do *Logos* para que o mundo possa surgir? A este respeito todas as religiões têm apenas um ensinamento simples: que toda manifestação começou por um ato de Sacrifício Divino. Pode-se, por sua vez, citar cada escritura para comprovar o fato, mas é tão familiar a todos que não é necessária qualquer prova.

Vemos que a natureza desse sacrifício consiste nesta suposição das limitações da matéria pelo Imaterial, em velar e condicionar o Incondicionado, no aprisionamento com grilhões daquilo que é Livre. O primeiro pensamento que temos, quando observamos a evolução de um universo, é que esta manifestação de vida só é possível por Suas limitações, as quais delimitam as condições de Sua evolução; e que, assim como a vida manifesta-se assumindo formas, também, rompendo forma após forma e assumindo formas novas, a vida evolui continuamente.

Vemos a vida manifestada na matéria atraindo para si matéria de que se apropria como forma. Como a forma dissipa-se no exercício das funções vitais, a vida mantém-se sempre engajada em atrair matéria revigorada para substituir a que foi perdida. Vemos também que a forma está sempre se deteriorando e sempre sendo renovada, e que a vida só consegue encontrar possibilidade de manifestação atraindo continuamente matéria viçosa para sua forma decadente, preservando-a, deste modo, como veículo de manifestação; só assim, continuamente se apropriando de matéria não especializada e destinando-a para o fortalecimento e renovação de sua forma, é que a vida pode evoluir.

Assim vem a ser implantada, na própria natureza do ser em crescimento, a ideia de que capturando, retendo, apossando-se, apropriando-se, a vida é preservada, é incrementada. Parece ser isso o que a vida está aprendendo através do contato com a matéria, sem compreender que, nos primeiros estágios, apropriar-se, tomar, reter, guardar não é realmente a condição da vida, mas a condição da manutenção daquela forma na qual a vida está manifestada. A forma não pode continuar a existir, a não ser pela virtude da apropriação de matéria revigorada. À medida que a vida continua progredindo, desenvolvendo-se, esta apropriação constante é a marca do *Jīva* em evolução. Em toda parte ele está aprendendo que no caminho de *Pravritti*, no caminho de seguir em frente, ele deve apropriar-se, tomar, reter. Em toda parte ele está aprendendo a tentar absorver outras formas para dentro de si, e pela união de outras formas com a sua própria, está aprendendo a preservar a continuidade de sua existência na forma.

Quando os grandes Instrutores começaram a dar lições ao *Jīvātmā*[11] em evolução, quando ele atingiu o ponto ideal de materialidade, então recebeu um ensinamento estranho, contrário a toda sua experiência precedente. O Instrutor começou dizendo-lhe: "A vida é preservada não apenas se apropriando, mas também sacrificando aquilo de que já te houveste apropriado. É um erro pensar que podes viver e crescer simplesmente pela apropriação de outras formas em tua própria forma, que simplesmente pela absorção da vida à tua volta, tu

---

[11] (Sânsc.) O espírito divino no homem. O espírito individual encarnado num ser vivente. Glossário Teosófico, Ed. Ground, SP, 1995. (N.E)

próprio possas continuar a existir. Todo o mundo está unido por uma lei de interdependência. Todas as coisas vivas existem em virtude da troca mútua, pelo reconhecimento do fato da mútua interdependência. Não podes viver só num mundo de formas; não podes preservar tua própria forma apropriando-te de outras formas, sem contraíres débito, que deve ser pago pelo sacrifício de alguns dos objetos apropriados, para a manutenção de outras vidas. Todas as vidas estão unidas por uma corrente de ouro, e essa corrente de ouro é a Lei do Sacrifício, e não a lei do apropriar-se".

O universo foi emanado por um ato de supremo sacrifício, e só pode ser preservado pela contínua renovação do sacrifício.

Vejam o que ensinou Shri Krishna: "Este mundo [físico] não é para aquele que não oferece sacrifício, e muito menos para o outro [mundo], Oh melhor dos Kuru-s".[12]

O homem, então, não consegue sequer viver no mundo das formas, se não realizar atos de sacrifício. A giratória roda da vida não pode continuar a girar, a não ser que cada membro, cada criatura viva, ajude a girá-la pela prática de atos de sacrifício. A vida é preservada pelo sacrifício, e toda evolução está radicada no sacrifício.

Para que esta nova lição pudesse ser ensinada de maneira correta, encontramos os grandes Instrutores insistindo sobre os atos de sacrifício, e mostrando que em virtude destes atos é que a roda da vida gira e traz coisas boas para todos nós. Assim, vemos estabelecidos no ritual hindu, os cinco sacrifícios notórios, que incluem em seu

---

[12] *Bhagavad-Gita*, IV. 31. Editora Teosófica, Brasília, 2010. (N.E.)

amplo círculo os sacrifícios que são necessários à devida manutenção das vidas de todas as criaturas do mundo.

Aprendemos que nossas relações com o mundo invisível, com o mundo dos *Devas*, só podem ser preservadas pelo sacrifício a Eles, no qual reconhecemos esta interdependência. "Nutri com isso os Brilhantes [*Devas*], e que os Brilhantes vos nutram; assim, nutrindo-se uns aos outros, colhereis o supremo bem.[13]

Depois aprendemos o sacrifício, que é chamado de sacrifício aos *Rishis*, o sacrifício aos sábios, o sacrifício aos Instrutores. É o sacrifício do estudo, por meio de cujo desempenho é pago um dos nossos débitos; por meio de cujo desempenho se é dispensado de uma obrigação. Pois, por meio do

---

[13] Ibid. III - 11.

estudo aprendemos para ensinar, e assim a manter atualizada a sucessão do conhecimento, legando-o de geração a geração.

Então aprendemos que devemos também pagar o débito aos Antigos, o sacrifício ao passado, o sacrifício aos Ancestrais, aos *Pitris*; reconhecendo que assim como recebemos do passado, devemos pagar nosso débito repassando ao futuro.

A seguir aprendemos a pagar nosso débito à Humanidade. Aprendemos que devemos alimentar pelo menos um homem a cada dia. Sabemos que a essência desse ato não é o simples alimentar de um homem pobre. Naquele homem pobre que é alimentado, o Senhor do sacrifício também é alimentado; e quando Ele é alimentado, toda a Humanidade alimenta-se com Ele. Assim como quando Dūrvāsa dirigiu-se aos Pāndavas que estavam no exílio, e tendo terminado a festividade, exigiu alimento onde não havia alimento. Então o próprio Senhor do sacrifício surgiu e disse aos Pāndavas para buscarem alimento; e um grão de arroz foi encontrado, o qual Ele comeu, e Sua fome foi satisfeita, e na satisfação de Sua fome o grande número de ascetas foi satisfeito; o mesmo se dá no sacrifício ao homem. Ao se alimentar um mendigo faminto, alimenta-se Aquele que se sente presente em tudo, em cada vida humana, e assim alimentando-O sob a forma de um homem pobre, alimentamos a própria humanidade.

Por último aprendemos o sacrifício aos animais. No sacrifício aos animais, nos dois ou três animais que diariamente devemos alimentar, estamos alimentando o Senhor dos animais em Sua criação animal, e por meio deste sacrifício o mundo animal é mantido.

Tais eram as antigas lições dadas à jovem humanidade, para lhe ensinar a forma e a essência do ato sacrifical. Aprendemos que o espírito da lei dos cinco sacrifícios é muito mais valioso do que a letra da lei; e aprendemos a estender a esse espírito de sacrifício o reconhecimento da Lei da Obrigação, da Lei do Dever. Quando a Lei do Sacrifício é assim entretecida e unida à Lei da Obrigação, então o degrau seguinte é colocado perante o *Jīva* em evolução.

"O mundo está ligado pela ação, exceto pela que se cumpre por sacrifício"[14]. Você deve aprender também que buscar o fruto das ações prende-nos ao mundo das ações, e que se quisermos ser livres de tal servidão devemos aprender a sacrificar em toda parte o fruto da ação. "por tal razão, Oh filho de Kunti, cumpre tu a ação livre de apego"[15] Esse é o

---

[14] Ibid. III - 9. (N.E.)
[15] Ibid. (N.E.)

passo seguinte. Não quer dizer que algumas ações particulares tenham de ser separadas do escopo de atividades sacrificais de um homem, mas que todas as ações devem ser vistas à luz do sacrifício, pela renúncia ao fruto da ação. Quando sacrificamos o fruto da ação, estamos então começando a afrouxar os grilhões da ação que nos prende ao mundo. Pois não lemos: "Aquele que é harmonioso, com seus pensamentos estabelecidos na sabedoria, e em quem os apegos estão mortos, sacrifica suas obras, e todas as suas ações se dissipam."[16]

O mundo está unido pelo *karma*, pela ação, exceto aquela ação que é sacrifício. Esta é a lição que começa a ser soprada em nossos ouvidos, à medida que nos aproximamos do final do *Pravritti Mārga*, quando é chegada a hora de volvermos para casa, para entrarmos no Caminho do Retorno, o *Nivṛitti*

---

[16] Ibid. IV - 23. (N.E.)

Mārga. Quando o homem começa a renunciar ao fruto da ação, quando aprendeu a praticar todas as suas ações como dever, sem buscar o fruto dessas ações, surge o momento crítico na história da evolução da alma humana; então, à medida que ela está sacrificando o fruto da ação, soa-lhe uma nota ainda mais elevada, uma lição ainda mais elevada, que deve guiá-la para o *Nivṛitti Mārga*, o Caminho do Retorno. "Melhor do que o sacrifício da riqueza é o sacrifício da sabedoria, ó Parantapa", diz Shri Krishna. "Aprende isso no discipulado, por meio da investigação e do serviço. Os sábios, os videntes da essência das coisas, te instruirão na sabedoria".[17]

E aí soa a nota que aprendemos a reconhecer como a nota da espiritualidade. Pelo "sacrifício da sabedoria" aprendemos a ver todos os seres no Ser, e assim em Deus. Essa é a nota do Caminho do Re-

---

[17] Ibid. IV - 34. (N.E.)

torno, do *Nivṛitti Mārga*[18]. Esta é a lição que deve agora ser aprendida pelo homem em evolução.

É agora que surge o ponto crítico na história do *Jīva* em evolução. Ele está tentando sacrificar o fruto da ação, tentando morrer para os apegos. E qual é o resultado inevitável? O apego ao fruto deixa de existir, *vairagya*[19] arrebata-o, a indiferença domina-o, ele se encontra suspenso, por assim dizer, no vazio. Todo motivo para a ação desapareceu. Ele perdeu o estímulo do *Pravritti Mārga*[20] e ainda não encontrou o estímulo do *Nivṛitti Mārga*. Sobre ele pesa o desgosto por todos os objetos. Ele parece ter se cansado da Lei do Dever e ainda não viu o âmago da Lei do Sacrifício. Neste momento

---

[18] (Sânsc.) Sendeiro de renúncia, de não ação ou de retorno. Glossário Teosófico, Ed. Ground, S.P., 1995.

[19] (Sânsc.) Desapego, indiferença aos prazeres do mundo. Glossário Teosófico, Ed. Ground, S.P., 1995, (N.E.)

[20] (Sânsc.) Sendero da ação. Glossário Teosófico, Ed. Ground, S.P., 1995. (N.E.)

de pausa, neste momento de suspensão no vazio, ele parece ter perdido contato com o mundo das formas e dos objetos, mas ainda não entrou em contato com o mundo da vida, com "o outro lado".

É como se o homem, passando de precipício em precipício através de uma ponte estreita, de repente descobrisse que a ponte cedeu sob seus pés; ele não consegue retornar, não consegue esticar-se e alcançar a beirada mais além. Parece estar suspenso no vazio, no ar, sobre o abismo, tendo perdido o contato com tudo.

Não tema, ó alma trêmula, quando esse momento máximo de isolamento chegar. Não tema perder o contato com o transitório, antes de entrar em contato com o Eterno. Ouça aqueles que sentiram o mesmo isolamento, mas que seguiram adiante, que acharam o aparente vazio uma plenitude genuína: ouça-os proclamando a Lei da Vida, na qual você tem agora que entrar:

"Aquele que ama sua vida irá perdê-la, mas aquele que perde sua vida irá encontrá-la na Vida Eterna!"

Este é o teste da Vida Interna. Você não pode tocar o superior até que tenha perdido contato com o inferior. Não pode sentir o superior, antes que o toque do inferior se dissipe. Uma criança subindo uma escada encostada a um precipício ouve a voz do pai chamando-a de cima. Ela quer chegar até o pai, mas está firmemente agarrada à escada com ambas as mãos enquanto vê o abismo voraz embaixo. Mas a voz lhe diz: "Segure a escada com menos força e estique os braços acima da cabeça". Porém a criança tem medo. Se segurar a escada com menos força, não irá cair no abismo voraz que está embaixo? Ela não consegue ver acima da cabeça. O ar parece vazio, não existe nada para ela se agarrar. Então vem o supremo ato de fé. Ela larga a escada. Estica as mãos vazias no espaço vazio acima de si; e veja! Suas mãos são agarradas pelas mãos do seu pai, e a força do pai puxa-a para o seu lado. Assim é a lei da Vida Superior. Ao abrir mão do inferior, assegura-se o superior; e ao deixarmos de lado a vida que conhecemos, a Vida Eterna conquista-nos para si.

Ninguém, senão aqueles que passaram por isso, pode conhecer o horror desse grande vazio, onde o mundo da forma desapareceu, mas onde a vida do Espírito ainda não é sentida. Porém não existe outro caminho entre a vida na forma e a vida no Espírito. Entre ambos estende-se um abismo que deve ser atravessado; e por mais estranho que possa parecer, no momento de máximo isolamento, quando o homem depende de si, e nada existe à sua volta além do vazio silencioso, é então que daquele vazio da existência surge o Ser Eterno; e aquele que ousou saltar da posição firme daquilo que é temporal encontra-se sobre a rocha segura do Eterno.

Tal é a experiência de todos aqueles que no passado alcançaram a vida espiritual. Tal é o registro que nos deixaram para nosso encorajamento e regozijo, quando surgir para nós este abismo a ser atravessado. Lemos nos *Shāstras* e naquelas ações externas que estão repletas do mais profundo significado, que quando o discípulo aproxima-se do Instrutor, deve sempre vir com o combustível sacrifical em sua mãos. O que é o combustível sacrifical? Representa *tudo* que pertence à vida da forma, tudo que pertence ao eu inferior pessoal. Tudo deve ser lançado no fogo do sacrifício, nada deve ser retido. Ele deve calcinar sua natureza inferior, e suas próprias mãos devem acender o fogo. Ele deve sacrificar-se. Ninguém mais pode fazer isso por ele. Dê, então, a vida, e entregue-a completamente. Não retenha nada vivo, tanto quanto souber, brade em voz alta, ao Senhor da passagem incandescente, que o sacrifício jaz sobre o altar, e não recue do fogo que consome. Na brancura do isolamento, confie na Lei que não pode falhar. Se a Lei do Sacrifício for suficientemente forte para sustentar o peso do universo, será que partirá sob o peso de um átomo como eu? Ela é suficientemente forte para que nela se confie; é o que de mais forte existe. A Lei do Sacrifício preconiza que a vida do Espírito consiste em dar, e não em tomar, em espargir-se e não em apossar-se, em autoentrega e não em autoapropriação, em doar totalmente tudo que se tem, com a certeza de que se entrará na plenitude da Vida Divina. E veja como ela é natural.

A Vida inesgotável é encontrada, e está sempre se elevando para fora da plenitude ilimitável do Ser. A forma é limitada, a vida é ilimitada. Portanto a forma vive apropriando-se, e a vida cresce doando-se. Exatamente na medida em que nos desfazemos de tudo que temos, é criado o espaço para que a Divina plenitude penetre, e nos preencha mais do que já tenhamos sido preenchidos antes. Portanto a nota do *Nivritti Mārga* é a renúncia. A renúncia é o segredo da Vida, assim como a apropriação é o segredo da Forma.

Esta, então, é a Lei do Sacrifício que devemos aprender. Dar de bom grado, e sempre dar novamente: assim e somente assim é que vivemos.

Logo ao entrar no *Nivritti Mārga*, onde a Renúncia se oferece como nosso guia, sua voz pode parecer fria e severa; seu aspecto, quase ameaçador. Apesar de tudo, confie nela, qualquer que seja a aparência externa, e procure entender por que, à primeira vista, o sacrifício nos dá a ideia de dor.

Do ponto de vista da forma, o aspecto de sacrifício é a destruição das formas, o desfazer-se das coisas; e a forma, que sente a vida retirando-se, chora em inconsolável agonia, aterrorizada, para a vida que se retira e que mantém sua própria existência; e desta maneira, chegamos a pensar no sacrifício como um ato de dor, como um ato acompanhado de angústia e terror, e assim deve ser enquanto nos identificarmos com a forma.

Mas quando começamos a viver a vida do Espírito, a vida que reconhece o Uno nas múltiplas formas, então começamos a perceber a suprema verdade espiritual, de que sacrifício não é dor, mas alegria; não é tristeza, mas deleite; que aquilo que é doloroso para a carne é bem-aventurança para o Espírito, que é a nossa verdadeira vida. Vemos também que o aspecto de sacrifício que era doloroso, era completa ilusão; que mais intenso do que qualquer prazer que o mundo pode dar, mais alegre do que qualquer alegria que provém da riqueza ou posição social, mais bem-aventurado do que qualquer felicidade que o mundo pode oferecer, é a bem-aventurança do Espírito livre, que, espargindo-se, entra em união com o Ser, e sabe que está vivendo em muitas formas, fluindo ao longo de muitos canais, em vez de seguir as limitações de uma única forma.

Aqui está a alegria do Salvador da humanidade, d'Aqueles que se elevaram ao conhecimento da unidade, e Se tornaram os Guias, os Auxiliares, os Redentores da raça. Passo a passo, lenta e gradualmente, Eles se elevaram cada vez mais alto, cruzaram o Golfo da Inexistência de que falei, e encontraram um ponto de apoio do outro lado. Recuperaram o senso da realidade da vida, e no Golfo da Inexistência, no qual durante algum tempo parecem ter-Se perdido, subitamente Se encontraram acima do mundo das formas. Todas as formas vistas a partir daquele nível superior são as vestes da Vida e do Ser com uma única forma. Descobriram com um senso de alegria inexprimível, que o Ser vivo pode espargir-se no interior de todas as formas inumeráveis, desconhecendo qualquer diferença entre uma forma e outra, sabendo que todas são canais de um Espírito.

É por isso que o Salvador do mundo pode ajudar a raça e fortalecer Seus irmãos mais fracos. Tendo se elevado àquela grande altitude onde todos os seres são conhecidos como unos, as diferentes formas são todas Sua própria forma. Ele se reconhece em cada uma. Pode ser alegre com os alegres, e sentir-se triste com os tristes. Ele é fraco com os fracos e forte com os fortes – todos são partes Dele mesmo. Semelhantes a Ele são o justo e o pecador. Ele não sente atração por um, nem repulsa pelo outro, e pode ver que em cada estágio o Ser Uno está vivendo aquela Vida que é Ele mesmo. Ele se reconhece na pedra, na árvore, no bruto, no selvagem, tanto quanto no Santo e no Sábio, e vê uma Vida em toda parte, sabendo que Ele é aquela Vida. Onde, então, existe espaço para o medo; onde, então, existe espaço para a repreensão? Nada mais existe além de Ser Uno, e nada fora Dele que se possa temer ou objetar.

Essa é a verdadeira Paz, e ela e somente ela é Sabedoria. Somente o conhecimento do Ser é a vida espiritual, e essa vida é alegria e paz.

Assim, a Lei do Sacrifício, que é a Lei da Vida, é também a Lei da Alegria, e sabemos que não existe um prazer mais profundo do que o prazer de doar, e não de tomar, e que nenhuma alegria limitada pode ser equiparada à alegria da autoentrega.

Se fosse possível para cada um de nós ter um rápido vislumbre da Vida Espiritual, então o mundo transitório assumiria suas verdadeiras proporções, e veríamos a inutilidade de tudo que o homem considera precioso. A Lei do Sacrifício, que é a Lei da Vida, a Lei da Alegria e a Lei da Paz está resumida neste *Mahāvākya*, esta grande Obra: "Eu sou tu; tu és Eu".

E agora, por um instante, façamos descer esta ideia sublime até o nível de nossas vidas diárias, e vejamos como a Lei do Sacrifício, trabalhando através de nós, irá manifestar-se no mundo exterior dos homens.

Aprendemos a compreender, mesmo por um instante, a unidade do Ser. Aprendemos uma palavra, uma letra do *Livro da Sabedoria*. Como então iremos comportar-nos com relação aos nossos semelhantes? Vemos um homem fraco, degradado, obtuso e torpe. Nenhum laço de parentesco nem de *karma* passado prende-nos a ele, muito menos qualquer coisa que consideremos como obrigação liga nossa forma à dele. Mas, pela Lei do Sacrifício, tendo compreendido a unidade do Ser, quando vemos esse membro deserdado da família humana, vemos nele o Ser, a forma desaparece, e sabemos que somos aquele homem, e que ele é nós. Por isso a compaixão toma o lugar daquilo que no homem do mundo é repulsão. O amor toma o lugar do ódio, a ternura substitui a indiferença, e o Sacrificador é distinguido em sua atitude para com aqueles à sua volta pelo toque da divina compaixão, que não consegue ver o caráter repulsivo da forma exterior, e que só consegue compreender a beleza do Ser no relicário interior.

Quando aquele que se sacrifica depara-se com um homem que é obtuso, enquanto ele próprio é sábio, será que sentirá o desprezo por ser um homem de conhecimento em relação ao homem obtuso, e irá considerar-se acima dele como seu superior e dele separado? Não, ele não considera sua sabedoria como posse sua, mas como propriedade comum que pertence igualmente a todos, e partilha sua sabedoria na forma separada com a obtusidade na outra forma separada, fazendo isso sem sentir a diferença, por causa da unidade do Ser.

E o mesmo se dá com referência a todas as outras diferenças do mundo das formas. O homem que vive segundo a Lei do Sacrifício compreende a unidade do Ser, e reconhece apenas uma diferença no veículo em que está contido e não na vida que nele habita; por esta razão, ele colhe, em seu veículo separado, sabedoria e conhecimento somente com a finalidade de compartilhar com os outros, e para os outros; perde completamente o senso de vida separada, e torna-se parte da Vida do Mundo.

À medida que compreende isso, e sabe que o único valor do corpo é ser um canal do superior, ser um instrumento daquela vida, lenta e gradualmente ele se eleva acima de todo pensamento, exceto o pensamento da unidade, e se sente parte deste grande mundo sofredor. Então ele sente que as aflições da humanidade são suas aflições, os pecados da humanidade são seus pecados, as fraquezas do seu irmão são suas fraquezas; assim realiza a unidade, e, através de todas as diferenças, vê o subjacente Ser Uno.

Somente desta maneira podemos viver no Eterno.

"Aqueles que veem diferenças passam de morte em morte"; assim falam os *Shruti*. O homem que vê diferenças, na verdade está morrendo continuamente, pois vive na forma – que está se deteriorando a cada momento e que portanto é morte – não no Espírito, que é vida.

Exatamente, então, na proporção em que vocês e eu, meus irmãos e irmãs, não reconheçamos a diferença entre um e outro, mas sintamos a unidade da vida, sabendo que essa vida é comum a todos, e que ninguém tem o direito de se vanglo-riar de sua parte dessa vida, nem de se sentir or-gulhoso de que sua parte é diferente da de outro, somente assim e nessa proporção é que viveremos a Vida Espiritual.

Essa, ao que parece, é a última palavra da Sa-bedoria que os Sábios nos ensinaram. Nada me-nos do que isso é espiritual, nada menos do que isso é sabedoria, nada menos do que isso é vida verdadeira.

Oh! se por um instante eu pudesse lhes mos-trar, por algum recurso de linguagem ou paixão e emoção, um lampejo do fraco vislumbre – que pela graça dos Mestres eu captei – da glória e da beleza da Vida que não conhece diferença e não reconhece separação, então o encanto dessa glória iria de tal modo conquistar os seus corações, que toda a beleza da Terra pareceria apenas feiúra, todo o ouro da Terra seria apenas escória, todos os tesouros da Terra seriam apenas poeira à beira da estrada, ao lado da inexprimível alegria da vida que se conhece como Una.

Difícil de reter, mesmo quando vista apenas uma vez, em meio às vidas separadas dos homens, em meio à fascinação dos sentidos, e às ilusões da mente. Mas tê-la visto uma vez, embora por um instante que seja, muda todo o mundo, e tendo observado a majestade do Eu, nenhuma vida senão essa parece merecer ser vivida.

Como iremos tornar isso real, como iremos torná-lo nosso, este maravilhoso reconhecimento da Vida além de todas as vidas, do Ser além de todos os seres? Somente através de atos diários de renúncia nas pequeninas coisas da vida; somente aprendendo em cada pensamento, palavra e ação a viver e amar a Unidade; e não apenas falar sobre ela, mas praticá-la em todas as ocasiões, colocando-nos por último e os outros, em primeiro lugar, sempre vendo suas necessidades e tentando supri--las, aprendendo a ser indiferentes aos clamores de nossa própria natureza inferior e recusando dar-lhe ouvidos. Não conheço nenhuma estrada senão este esforço humilde, paciente, perseverante, hora após hora, dia após dia, ano após ano, até que finalmente o topo da montanha é alcançado.

Falamos da Grande Renúncia. Falamos Destes Seres, perante os Pés nos prostramos, como Aqueles que "praticaram a Grande Renúncia". Nem por sonho pense que Eles fizeram Sua Renúncia quando, perante o limiar do *Nirvāna*, ouviram o soluço do mundo em aflição, e se voltaram para ajudar. Não foi aí que a verdadeira, a Grande Renúncia foi feita. Eles a fizeram repetidamente ao longo de centenas de vidas que jazem atrás de si; fizeram-na pela prática constante de pequenas renúncias de vida, por piedade continuada, pelos sacrifícios diários na vida humana comum. Não a fizeram na hora derradeira, quando estavam no limiar do *Nirvāna*, mas ao longo de vidas de sacrifício; até que, finalmente, a Lei do Sacrifício tornou-se tanto a Lei de Suas existências, que nada podiam fazer no último momento, quando a escolha era Deles, exceto registrar nos anais da história do universo as inúmeras renúncias do passado.

Vocês e eu, meus irmãos e irmãs, hoje, se quisermos, podemos praticar a Grande Renúncia; e se não a começarmos no nosso dia a dia, em nosso relacionamento diuturno com nossos semelhantes, podemos ter certeza de que não seremos capazes de consegui-la quando estivermos no topo da montanha. O hábito do sacrifício diário, o hábito de pensar, o hábito de sempre dar e não tomar, somente assim aprenderemos a praticar aquilo que o mundo exterior chama de a Grande Renúncia. Sonhamos com grandes feitos de heroísmo, sonhamos com poderosos ordálios, pensamos que a vida do discipulado consiste em provações tremendas para as quais o discípulo se prepara, rumo às quais marcha com a visão aberta, e então por um esforço supremo, por uma brava luta, obtém a coroa da vitória.

Irmãos e irmãs, não é assim. A vida do discípulo é uma longa série de pequenas renúncias, de sacrifícios diários, um contínuo morrer no tempo para que o superior possa viver eternamente. Não é um feito único, que deixa o mundo maravilhado, que faz um verdadeiro discipulado; caso contrário, o herói ou o mártir seriam maior do que o discípulo. A vida do discípulo é vivida no lar, na cidade, no escritório, no mercado, sim, em meio às vidas comuns dos homens. A verdadeira vida de sacrifício é aquela que esquece totalmente de si mesma, na qual a renúncia torna-se tão comum que não há esforço, que se torna uma coisa corriqueira. Se levarmos esta vida de sacrifício e renúncia, se, diariamente e com perseverança, nos doarmos aos outros, um dia iremos encontrar-nos no topo da montanha, e descobriremos que fizemos a Grande Renúncia, sem jamais sonhar que qualquer outro ato fosse possível.

Paz a Todos os Seres.

Informações sobre Teosofia e o Caminho Espiritual podem ser obtidas na Sociedade Teosófica no Brasil no seguinte endereço: SGAS - Quadra 603, Conj. E, s/nº, CEP 70.200-630 Brasília, DF. O telefone é (61) 3226-0662. Também podem ser feitos contatos pelo e-mail: secretaria@sociedadeteosofica.org.br ou no site: www.sociedadeteosofica.org.br.

(61) 3344-3101
papelecores@gmail.com